ERNEST HECHT
DOCTEUR EN DROIT
AVOCAT A LA COUR D'APPEL

## LÉGISLATION ET PRATIQUE

# Les titres nominatifs en Angleterre

Extrait du *Parlement et l'Opinion*
nº 11, Novembre 1916

RÉDACTION ET ADMINISTRATION
3-5, RUE PALATINE, 3-5
BOIVIN ET Cie, ÉDITEURS
PARIS (6e)
1916

LÉGISLATION ET PRATIQUE

# Les titres nominatifs
# en Angleterre

ERNEST HECHT

DOCTEUR EN DROIT

AVOCAT A LA COUR D'APPEL

LÉGISLATION ET PRATIQUE

# Les titres nominatifs

# en Angleterre

Extrait du *Parlement et l'Opinion*
n° 11, Novembre 1916

RÉDACTION ET ADMINISTRATION
3-5, RUE PALATINE; 3-5
BOIVIN ET Cⁱᵉ, ÉDITEURS
PARIS (6ᵉ)
1916

# Les titres nominatifs
## en Angleterre

Félix Pyat, le célèbre révolutionnaire français du siècle dernier, avait longtemps vécu exilé en Angleterre à la suite des événements de la Commune.

Humoriste à ses heures, il avait remarqué les différences principales qui nous séparent à bien des points de vue de nos voisins d'outre-Manche. C'est ainsi que Félix Pyat avait noté les faits suivants à propos de petits incidents que nous rencontrons dans notre vie quotidienne.

Dans la rue à Londres, les stations de voitures étaient au milieu de la voie, à Paris sur les côtés. Ces mêmes véhicules en circulant prennent leur gauche en Angleterre, et leur droite de l'autre côté du détroit; le soldat anglais portait la veste rouge et le pantalon bleu foncé, tandis que le pioupiou français arborait la capote bleue et la culotte rouge; l'insulaire met dans une chambre le lit au milieu, appuyé au mur par la tête, le Français contre la muraille. En Grande-Bretagne, les jeunes filles sont très libres et les femmes mariées presque confinées dans leur ménage; chez nous, c'est plutôt le contraire, etc., etc.

Ce qu'il y a de plus curieux, c'est que, par une étrange divination, Félix Pyat concluait que cette différence profonde dans les mœurs devait amener les deux peuples à mieux se comprendre et à s'entendre : l'avenir lui a donné raison.

Au point de vue économique, les lois et les habitudes sont également opposées, si on compare les deux pays.

S'il s'agit de monnaie, l'Anglais a horreur des espèces ou des billets de banque que l'on touche et que l'on porte sur soi pour les dépenser en les tirant de sa poche ou de son gousset. Il aime le chèque et surtout le *crossed cheque* (chèque barré) qu'une banque seule peut toucher; c'est à son usage, dit-on, que l'on distingue le *gentleman* de l'homme du peuple. La première ambition du jeune *clerk* (employé) de la cité de Londres est de gagner plus d'une livre sterling (25 fr. 25 d'habitude, aujourd'hui près de 28 francs), car à partir de ce chiffre, au lieu d'être payé en espèces, il touche ses appointements en un chèque et peut se faire ouvrir un compte dans une banque, tout comme son patron.

Chez nous, chacun sait que tout Français aime palper les billets et les louis, si c'est un citadin, les écus de 5 francs, s'il est campagnard; ce sont ces lourdes pièces qu'il entasse dans le légendaire bas de laine. Avant la guerre, aux abattoirs de La Villette, toutes les transactions se réglaient en pièces d'or.

Aujourd'hui encore, on sait à quelle obstruction se heurte l'usage du chèque barré devenu enfin légal, et cette opposition est même encouragée par un grand nombre d'autorités gouvernementales. Jusqu'à une circulaire ministérielle récente, les paiements entre administrations publiques se réglaient par des mouvements de billets et de pièces de monnaie; l'Etat ignorait l'existence du Trésor et de la Banque de France!

L'objection faite au chèque barré est toujours la même : « Mais je ne pourrai pas le toucher. »

Même différence entre les deux nations pour la forme donnée aux valeurs mobilières, qui constituent aujourd'hui la plus grande partie de la fortune générale.

En Grande-Bretagne, encore que la loi, comme on le verra, autorise la forme au porteur pour les titres de tout genre, les particuliers préfèrent le titre nominatif et y sont restés fidèles.

En France, les habitudes sont tout autres; la loi permet bien la mise au nominatif des titres, mais à part les actions non entièrement libérées, les actions de la Banque de France et quelques autres qui sont toutes nominatives, le public préfère que la valeur soit au porteur. Il aime mettre dans son coffre-fort une action ou une obligation qu'il n'a qu'à porter chez son agent de change pour la réaliser. Le propriétaire de l'heureux titre qui donne régulièrement un dividende ou un intérêt, éprouve un réel plaisir à en détacher lui-même les coupons à coups de ciseaux, coupons qu'il porte ensuite dans une banque pour en encaisser lui-même le montant, toujours en espèces sonnantes et trébuchantes.

C'est ce qui a permis à un économiste de dire que la moyenne des capitalistes français, avec le temps perdu dans leur existence à compter des billets de banque ou des pièces de monnaie, à détacher des coupons ou à les encaisser, auraient eu la possibilité d'apprendre chacun à fond une langue étrangère.

Et pourtant le titre nominatif, qui existe chez nous, ne l'oublions toujours pas, a bien des avantages : tout d'abord il donne un revenu net beaucoup plus élevé à son propriétaire qui n'a pas à payer le droit annuel de transmission applicable aux titres au porteur. C'est ainsi qu'un revenu brut de 25 francs devient 24 francs pour un titre nominatif et seulement 23 fr. 05 s'il est au porteur.

De plus, avantage matériel, mais qui a son prix ; le propriétaire de 50 ou de 100 titres, au lieu d'avoir à détacher autant de coupons (ou sa banque s'il lui en a confié le dépôt), n'a qu'à présenter un seul certificat pour le faire timbrer, en touchant son revenu.

Les Anglais, eux, ont encore simplifié cette formalité. Le propriétaire d'une valeur nominative n'a même pas à se déranger.

La Société qui lui doit un dividende ou un intérêt, et qui possède son adresse, lui envoie par la poste un chèque barré du montant exact, et le capitaliste n'a qu'à le remettre à sa banque. Inutile d'accuser réception de ces chèques ; une fois payés, ils sont tous remis à la Société débitrice par sa propre banque, qui les a payés sur l'acquit ou l'ordre du bénéficiaire.

Voilà encore une utilisation merveilleuse de ce chèque barré qui a tant d'adversaires parmi nous.

Voyons maintenant comment la législation anglaise a organisé les titres nominatifs et comment les financiers en ont mis en pratique la transmission, pour les diverses transactions pratiquées dans les banques ou au *Stock Exchange* (Bourse) de Londres. Ce sera le meilleur moyen d'en conclure si oui ou non le législateur français aurait intérêt, soit à imposer par coercition, soit à répandre plus qu'on ne l'a fait actuellement, et par une voie plus libérale, l'usage des valeurs mobilières au nominatif.

*<br>* *

L'acte législatif qui a organisé en dernier lieu en Angleterre la forme des titres est la *Loi codifiant les lois sur les Sociétés 8 Edw. VII*, intitulée *Loi codifiant la loi de 1862 sur les Sociétés et les lois modificatives (21 décembre 1908)*(1).

Elle est spécialement intéressante, parce que c'est une des plus importantes de ces tentatives de codification, de plus en plus fréquentes, que présente la législation britannique, aussi réfractaire à la codification, que les Français au contraire y ont toujours été enclins.

Le Titre II (articles 22 à 29), le seul qui nous intéresse, et que nous analyserons, a pour en-tête : *Distribution du capital actions.*

Les actions constituent des biens meubles et pourront être transférées suivant le mode prévu par les statuts de la Société. Chaque action se distingue par son numéro propre (art. 22).

Un certificat spécifiant les actions ou *stock* que possède chaque membre fera foi, jusqu'à preuve contraire, du droit de propriété de ce membre (art. 23).

On entend par membre, toute personne qui a été inscrite sur le registre des membres au moment de la constitution de la Société ou plus tard (art. 24).

Toute Société devra tenir sur un ou plusieurs registres

(1) Voir la traduction dans *Lois commerciales de l'Angleterre*, par Decugis et Paulian, page 21.

une liste de ses membres, sur laquelle elle devra faire figurer les mentions suivantes :

1° Les noms et adresses des membres ;

2° La date de leur inscription sur le registre ;

3° La date à laquelle chaque personne a cessé d'être membre.

Toute infraction à ces dispositions est punie d'une amende de cinq livres (125 francs) par jour, pendant la durée de l'infraction.

Toute Société par actions devra une fois par an établir la liste de tous les membres de la Société au quatorzième jour précédant l'assemblée générale ordinaire annuelle, ainsi que de ceux qui ont cessé de l'être depuis la dernière assemblée.

Cette liste doit mentionner les noms, adresses et professions de tous les membres présents et passés, ainsi que la date des transferts.

Cette liste doit contenir un état sommaire, renfermant entre autres mentions : le montant du capital et du nombre d'actions, la somme appelée sur chaque action, le chiffre des appels non versés ; le montant des actions d'apport, le nombre des actions pour lesquelles il existe des certificats d'actions, etc.

Faute par la Société de se conformer à ces dispositions, elle encourrait une amende de 5 livres par jour.

Il est interdit de mentionner un *trust* (fidéicommis) sur le registre en question (art. 27).

La demande du cédant suffit pour faire inscrire sur le registre le nom du cessionnaire (art. 28).

Le transfert d'actions provenant de la succession d'un membre de la Société décédé peut se faire sur la demande du représentant légal du *de cujus* (art. 29).

Le registre des membres est public. En effet, l'article 30 stipule qu'il devra être conservé au siège social et, pendant deux heures au moins par jour, être mis à la disposition de tout membre, et même de toutes autres personnes, moyennant la somme de un shilling (1 fr. 25) maximum par examen.

Toute personne peut prendre copie du registre moyen-

nant un droit de 6 pence (o fr. 62 1/2) maximum par cent
mots.

Tout refus de laisser procéder à l'examen ou à la copie
est puni d'une amende de deux livres (5o francs) par jour.
En outre, tout juge de la *Haute Cour,* ou de la *Cour des
Stannaries* (Cour des Mines) pour les Sociétés qui en relè-
vent, peut rendre une ordonnance prescrivant l'examen
immédiat du registre (art. 3o).

Une Société peut, après une insertion prise dans les
journaux, clore le registre de ses membres pendant un inter-
valle n'excédant pas trente jours (art. 31).

C'est ce qu'elles font toutes pendant la période précédant
les assemblées générales.

La Cour a le droit de rectifier le registre, par exemple
si le nom d'une personne est inscrit sans titre, si un nom y
est omis, si l'on a mis un retard dans la radiation d'un
membre qui a cessé d'être actionnaire.

Cette demande peut être introduite sous forme de motion
adressée à la Haute Cour, de requête à un juge de cette
Cour siégeant en référé, soit par requête à un juge de la
juridiction des *Stannaries,* pour les Sociétés relevant de
cette juridiction.

La Cour peut soit rejeter la demande, soit ordonner la
rectification du registre et le paiement de dommages-intérêts
par la Société à la partie lésée (art. 32).

Le registre des membres fait foi jusqu'à preuve contraire
(art. 33).

Toute Société qui exploite des affaires dans une colonie
britannique peut faire tenir dans cette colonie un registre
des membres qui y résident ; ce registre sera soumis à des
règles spéciales, pour ne pas faire double emploi avec le
registre de la Métropole (art. 34, 35 et 36).

Une Société par actions peut, si ses statuts l'y autorisent,
émettre des *warrants* ou certificats au porteur, et stipuler
que les dividendes à toucher sur ces actions seront payés
au moyen de coupons.

Les actions pourront être transférées par simple tradition,
le porteur pourra en demander l'échange contre une action
nominative et faire inscrire son nom sur le registre.

Les actions au porteur ne donneront pas à leur propriétaire le droit d'être *director* (administrateur) de la Société (art. 37).

La falsification des certificats, l'émission de faux certificats, est punie des travaux forcés à perpétuité ou à temps avec un minimum de trois années.

Quiconque aura gravé ou fait graver de fausses planches dans le but de faire fabriquer de faux certificats d'actions sera puni de trois à quatorze ans de travaux forcés (art. 38).

*
* *

Telles sont les dispositions de la loi la plus récente en ce qui concerne la forme des titres en Angleterre.

On voit que la loi autorise l'existence de titres au porteur, mais, en réalité, les Sociétés n'en émettent que lorsqu'une partie importante du capital est placée à l'étranger comme les actions de mines d'or ou de caoutchouc.

En pratique, l'Anglais préfère le titre nominatif pour les raisons énumérées ci-dessus.

Bien plus, cette préférence n'est pas seulement le propre des actionnaires; les administrateurs des Sociétés eux-mêmes préfèrent cette modalité pour les titres. Nous avons entendu le président d'une Société anonyme anglaise extrêmement importante nous dire qu'il était heureux et fier de diriger l'organisme en question, parce qu'il savait à chaque instant entre quelles mains se trouvaient les actions, quels étaient les gens dont il avait à réclamer et à mériter la confiance. — « Le jour, ajoutait-il, où les actions seraient au porteur, par conséquent la propriété d'inconnus, d'anonymes, changeant au jour le jour, dont le nombre et le nom seraient à la merci d'un coup de bourse, ce jour-là je résignerais immédiatement mes fonctions, en laissant à d'autres le soin de présider la Société dans des conditions pareilles d'insécurité et de trouble. »

Voyons maintenant de quelle façon dans la pratique se font pour ces actions ou autres titres nominatifs, les transferts, les liquidations en bourse, les reports, les prêts sur titres, etc.

Toutes ces opérations portant chez nous sur des titres au porteur sont par là très simplifiées, mais en Angleterre, malgré les formalités inhérentes aux transferts, tout se passe le mieux et le plus facilement du monde.

Le transfert en cas de vente se fait de la façon suivante. Le vendeur remet à l'agent de change *(stock broker)* son certificat nominatif et un transfert muni d'un timbre proportionnel, et revêtu de sa signature certifiée par deux témoins (qui peuvent être des personnes quelconques).

L'acheteur signe également de la même façon le transfert. Son agent de change remet le tout à la Société qui opère la mutation de nom sur ses registres et délivre un nouveau certificat nominatif à l'acheteur.

La liquidation, qui a lieu à Londres chaque quinzaine pour tous les titres, se fait facilement et rapidement, malgré la masse des transactions.

A deux reprises seulement, en 1895, lors du *boom* (enlèvement) des mines d'or, et en 1910, lors de celui des plantations de caoutchouc, les opérations furent si nombreuses qu'il s'ensuivit des retards très préjudiciables à la marche des affaires, mais ce furent là des cas exceptionnels.

S'il s'agit non d'un transfert définitif, mais d'un report ou d'un prêt sur titres (ce qui au fond est la même chose), le transfert en garantie usité chez nous par exemple pour les actions de la Banque de France n'existant pas, voici comment on opère.

Le reporté, ou l'emprunteur remet au *stock broker* qui le reporte ou lui prête de l'argent, un transfert signé de lui seul, agissant en qualité de vendeur. Le reporteur ne signe pas ce transfert, et il n'est pas porté à la Compagnie pour être inscrit sur ses registres.

Si à l'une des liquidations suivantes le reporté liquide sa situation ou si l'emprunteur rembourse le prêt qu'on lui a fait, on lui restitue le transfert.

Si au contraire on revend le titre pour son compte, le transfert devient parfait par la signature de l'acheteur et l'inscription de son nom sur les registres de la Compagnie.

Ce transfert en blanc est toujours accompagné de la remise du certificat nominatif. Sinon, le reporté ou emprunteur, pourrait signer des transferts en blanc à deux personnes différentes pour les mêmes titres. Il est vrai que ce fait étant puni de peines criminelles la gravité même de ces peines écarte presque toujours la chance d'une fraude de ce genre, quoiqu'il y en ait eu des exemples.

Le caractère nominatif des titres anglais rend aussi presque impossible la fraude en matière de successions.

On sait qu'en Grande-Bretagne, il est très rare qu'une personne possédant quelque fortune meure intestat, ce qui se comprend dans un pays où la liberté de tester est absolue. Les testaments sont déposés et enregistrés dans un bureau spécial à *Somerset House,* où le premier venu peut s'en faire délivrer une copie moyennant une minime rétribution.

Bien plus, la publicité des successions est si complète que les grands journaux quotidiens publient continuellement le montant des fortunes laissées par les *de cujus* connus par leur opulence ou dont la notoriété a quelque autre source, et nul ne songe à s'en offusquer.

On voit à quel point ces mœurs diffèrent des nôtres.

Chez nous on garde religieusement le secret du montant des fortunes particulières et des successions; si ces dernières sont sujettes à déclaration, le secret professionnel lie les fonctionnaires qui en reçoivent la confidence.

Mais aussi, les titres qui les composent étant presque toujours au porteur, les fraudes sont fréquentes pour les successions qui s'ouvrent entre majeurs. Un notaire parisien nous disait un jour que, si d'un trait de plume, on rendait toutes les valeurs mobilières nominatives, l'Etat pourrait diminuer de moitié le taux des droits de mutation par succession, sans y perdre un centime, bien au contraire.

N'est-il pas choquant en effet de voir l'homme de bonne foi payer pour le fraudeur, et du moment qu'il est dû un droit de succession, n'est-il pas singulier qu'il soit si facile pour certaines personnes, de l'éluder sans grands risques.

Tout récemment, il était question, dans le monde parlementaire, de déposer un projet de loi tout simple et composé d'un seul article à peu près ainsi conçu :

« Dans toute succession ouverte en France, l'Etat sera considéré comme héritier réservataire majeur pour un demi

pour cent. » (Le mot majeur étant mis pour éviter une liquidation en justice.)

Ce serait peut-être aller un peu loin dans la main-mise
de l'Etat sur le patrimoine du particulier.

Mais, dans le même but, on pourrait concevoir des
mesures ayant pour but de généraliser la mise au nominatif
des valeurs mobilières suivant l'usage anglais. Nous laissons
à de plus qualifiés et de plus compétents le soin d'éla-
borer et de faire réussir les actes législatifs ou autres, de
nature à réaliser un tel but, dont la nécessité apparaîtra
facilement à tous dans les circonstances actuelles.

Au moment même où paraît cette notice, on est en train
de fonder une grande Société industrielle, dont le but est de
caractère national, au capital de 40 millions de francs, dont
les statuts portent que les actions seront nominatives, et ne
pourront jamais être mises au porteur. Malheureusement la
transmission des actions est soumise par ces mêmes statuts
à des restrictions de nature à paralyser les transactions, et
à compromettre par-là même la cause des titres nominatifs
en France.

J. CRÉMIEU, IMPRIMEUR, 13 ET 15, RUE PIERRE-DUPONT, SURESNES — 9868